300
1914
ARS 6

TE A PARIS

edi 6 Mars 1914

Hotel Drouot, Salle n° 9

Monnaies Françaises

MÉDAILLES

JETONS

COMMISSAIRE-PRISEUR :	EXPERT :
Me Emile BOUDIN	M. Étienne BOURGEY
14, rue de la Grange-Batelière	7, rue Drouot, 7

PARIS

Adresse Télégr. ÉTIENBOURG-PARIS

[illegible]

[illegible]

[illegible]

[illegible]

[illegible] | [illegible]

[illegible] | [illegible]

[illegible]

[illegible]

Monnaies Françaises

MÉDAILLES

JETONS

VENTE AUX ENCHÈRES PUBLIQUES

A PARIS, HÔTEL DES COMMISSAIRES-PRISEURS, RUE DROUOT, 9

SALLE N° 9, AU PREMIER ÉTAGE

Le Vendredi 6 Mars 1914

A DEUX HEURES PRÉCISES

EXPOSITION PUBLIQUE UNE HEURE AVANT LA VENTE

COMMISSAIRE-PRISEUR :
Me Emile BOUDIN
14, Rue de la Grange-Batelière

EXPERT :
M. Etienne BOURGEY
7, rue Drouot, 7

PARIS

Adresse Télégr. ÉTIENBOURG-PARIS

BOU
1914
Mars 6

BIBLIOTHEQUE NATIONALE DE FRANCE
3 7513 02401016 6

Exposition particulière :

Les 2, 3, 4, et 5 Mars 1914, chez M. Etienne Bourgey, expert, 7, rue Drouot. (Téléphone 274-63).

Exposition publique :

Le Vendredi 6 Mars 1914, Hôtel des Ventes, Salle 9, une heure avant la vente.

La vente aura lieu au comptant.

Les acquéreurs paieront dix pour cent en sus des enchères.

L'authenticité des pièces est garantie.

M. Etienne Bourgey, 7, rue Drouot, se charge d'exécuter les commissions qui lui seront confiées.

L'ordre du catalogue sera suivi ou non. L'expert se réserve le droit de diviser ou réunir les lots.

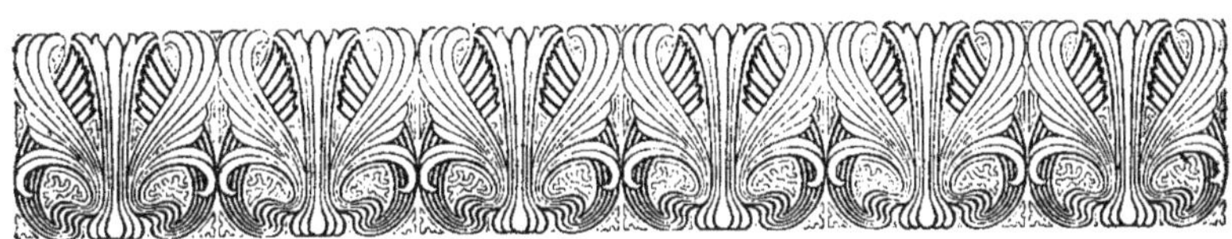

MONNAIES FRANÇAISES

CAROLINGIENS (1)

1 **Louis le Débonnaire.** Denier au temple. **Pépin I roi d'Aquitaine.** Obole (XX. 3). **Charles le Chauve.** Denier au temple Arg. — Ens. 3 p. TB.

2 *Melle.* Denier et obole. *Nevers* (XXIV. 91). *Courtisson* (XXVIII. 94). *Le Mans* (XXX. 129). Deniers. — Ens. 5 p. TB.

3 *Orléans* (XXXI. 165). *Rennes* (XXXIII. 199). Arg. — Ens. 2 p. TB.

4 **Charles le Gros.** *Clermont.* + CARLVS REX. ℞. + CLAROMIINT. Monogr. (XLII. 47). Denier. Arg. TB.

5 **Eudes.** *Blois* (XLVI. 9). *Limoges* (XLVII. 27). Deniers. **Charles le Simple.** *Melle.* Obole. **Lothaire.** Denier au temple (LIX. 9). Arg. — Ens. 4 p. TB.

6 **Conrad.** *Lyon.* Denier. **Henri le Noir.** *Vienne.* Denier. Arg. — Ens. 2 p. TB.

CAPÉTIENS (2)

7 **Hugues Capet.** *Beauvais.* + HERVEVS. HVGO. REX. Croix. ℞. BELVACVS. CIVITAS. Monogr. (9). Denier. Bill. TB.

(1) Les numéros entre parenthèses sont ceux de l'ouvrage de Gariel : *Monnaies de la seconde race.*

(2) Les numéros entre parenthèses sont ceux de Hoffmann : *Monnaies royales de France.*

8 **Louis VI**. *Pontoise* (6). *Château-Landon* (14). **Louis VII.** *Mantes* (3). *Langres* (17). Deniers. Bill. — Ens. 4 p. B. et TB.

9 **Louis IX**. *Gros tournois* (9). **Philippe III.** *id.* (5). **Philippe IV.** *id.* (8). *Maille tierce* (7). Arg. — Ens. 4 p. TB.

10 **Charles IV**. *Royal*. KOL. REX. FRACOR. Le roi debout sous un dais. ℟. + XPC. etc. Croix (2). Or. Très beau.

11 *Maille blanche* (7 et 9). Arg. *Double parisis* (10). Bill. — Ens. 3 p. TB.

12 **Philippe VI**. *Royal*. PHS REX FRACOR. Le roi sous un dais. ℟. + XPC. etc. Croix (1). Or. TB.

13 *Ecu d'or*. + PHILIPPVS. etc. Le roi assis sur un siège gothique. ℟. + XPC. etc. Croix (3). Or. TB.

14 *Lion d'or*. PH. DEI. etc. Le roi sur un siège gothique, les pieds sur un lion. ℟. + XPC. etc. Croix (6). Or. B.

15 *Chaise d'or*. + PHILIPPVS. etc. Le roi assis dans une rosace ℟. + XPC. etc. Croix (14). Or. Très belle.

16 *Maille blanche* (21). Arg. *Gros à la queue* (22). Bill. — Ens. Ens. 2 p. B. et TB.

17 **Jean le Bon**. *Ecu d'or*. + IOHANNES. etc. Le roi assis, tenant l'écu. ℟. + XPC. etc. Croix (11). Or. TB.

18 *Mouton d'or*. + AGN. etc. Agneau pascal; au bas IOH. REX. ℟. + XPC. Croix (3). Or. B.

19 *Franc-à-cheval*. IOHANNES. etc. Le roi galopant à gauche. ℟. + XPC. etc. Croix (10). Or. Très belle pièce.

20 *Gros à la queue* (19). *Gros blanc à la couronne* (25). *Gros blanc aux trèfles* (33). *Poillevillain* (35). Bill. — Ens. 4 p. B.

21 **Charles V**. *Franc-à-pied*. KAROLVS. etc. Le roi debout sous un dais. ℟. + XPC. etc. Croix (2). Or. TB.

22 *Gros tournois* (6). Arg. *Blanc aux fleurs de lis* (7). Bill. — Ens. 2 p. B.

23 **Charles VI**. *Ecu d'or*. + KAROLVS. etc. Ecu couronné. ℟. + XPC. Croix (1). Or. Très beau.

24 *Agnel*. + AGN. etc. Agneau pascal; dessous K. F. RX. ℟. + XPC. etc. Croix cantonnée de 4 lis (3). Or. TB.

25 — Variété; la croix cantonnée de 3 lis et d'une croisette (4). Or. TB.

26 *Gros tournois* (14). *Florette* (17). *Blanc Guénar* (22). Bill. — Ens. 3 p. B.

27 **Henri VI**. *Salut*. HENRICVS. etc. L'Annonciation sur 2 écus. ℟. XPC. etc. Croix entre un lis et un léopard (3). Rouen. Or. Très beau.

28 **Charles VII**. *Agnel*. + AGN. etc. Agneau pascal; au bas K. F. RX. ℟. + XPC. etc. Croix (1). Or. TB.

29 *Ecu à la couronne*. + KAROLVS. etc. Ecu accosté de 2 lis couronnés. ℟. + XPC. etc. Croix cantonnée de 4 couronnelles (2). Toulouse. Or. TB.

30 — Variété. La couronne porte des trèfles au lieu de boules (H. —). Montpellier. Or. TB.

31 — Autre variété. La légende commence par un lis (H. —). Montpellier. Or. TB.

32 — Autre avec lis; aucun ornement sur la couronne royale (H. —). Tournai. Or. TB.

33 — Autre; la lég. commençant par une étoile; trèfles sur la couronne (H. —). Saint-Quentin. Or. TB.

34 — Autre; rien avant la légende (H. —). Saint-Quentin. Or. TB.

35 — Autre; les légendes commencent par une couronne (6). Tournai. Or. TB.

36 *Royal d'or*. + KAROLVS. etc. Le roi debout avec manteau fleurdelisé; dans le champ, à g., 11 lis; à dr. 8 lis. ℟. + XPC. etc. Croix (9). La Rochelle. Or. TB.

37 — Variété; sur le manteau, un large col plat; dans le champ à g. et à dr., 7 lis (9 varié). Or. Très beau. Rare.

38 *Gros de roi* (21). Arg. *Grand blanc* (36). *Grand blanc aux 3 fleurs de lis* (39). Bill. — Ens. 3 p. B. et TB.

39 **Louis XI**. *Ecu au soleil*. LVDOVICVS. etc. Ecu timbré d'un soleil. ℟. XPS. etc. Croix fleurdelisée (1). Villeneuve. Or. TB.

40 *Ecu à la couonne*. LVDOVICVS. etc. Ecu accosté de 2 lis couronnés. ℟. XPC. etc. Croix cantonnée de 4 couronnes (4). La Rochelle. Or. TB.

41 *Gros de roi* (12). Rouen. Arg. *Grand blanc à la couronne* (15) *Obole* (39). Bill. — Ens. 3 p. B. et TB.

42 **Charles VIII**. *Ecu au soleil*. KAROLVS. etc. Ecu timbré d'un soleil. ℟. XPS. etc. Croix fleurdelisée (2). Montpellier. Or. TB.

43 **Louis XII**. *Ecu au soleil*. (lis couronné) LVDOVICVS : etc. Ecu timbré d'un soleil (1). Toulouse. Or. TB.

44 *Ecu aux porcs-épics*. + LVDOVICVS : etc. Ecu accosté de 2 porcs-épics. ℟. + XPS. etc. Croix cantonnée de 2 **L** et de 2 porcs-épics (6). Mâcon. Or. TB.

45 **François I**. *Ecu au soleil*. + FRANCISCVS. etc. Ecu timbré d'un soleil. ℟. + XPS. etc. Croix cantonnée de 2 **F** couronnés (2). Montpellier. Or. B.

46 — Variété; la croix cantonnée de 2 **F** et de 2 lis (4). Lyon. Or. TB.

47 *Ecu à la croisette*. (soleil) FRANCISCVS. etc. Ecu couronné. ℟. + XPS. etc. Croix dans une rosace (12). Rouen. Or. Très beau.

48 *Ecu du Dauphiné*. (couronne) FRANCISCVS. etc. Champ écartelé. ℟. (couronne) XPS : etc. Croix fleurdelisée (19). Crémieu. Or. TB.

49 *Teston*. Buste couronné. ℟. Ecu entre 2 **F** (42). Arg. *Denier à la croisette* (108). Bill. — Ens. 2 p. B. et TB.

50 **Henri II**. *Teston au moulin*. HENRICVS. II. etc. Tête laurée. ℟. + CHRS. etc. Ecu couronné (40). Paris. Arg. B.

51 *Teston*. Buste cuirassé. ℟. XPS. 1559. Ecu entre 2 **H** couronnés (62). Bordeaux. Arg. B.

52 **François II**. *Teston*. HENRICVS. etc. Buste cuirassé d'Henri II. ℟. XPS. etc. 1560. Ecu entre 2 **H** couronnés (65, Henri II). Toulouse. Arg. TB.

53 HENRICVS 2. etc. Buste cuirassé. ℟. 1560. Type précédent dans un grènetis (68, Henri II). Montpellier. Arg. Troué. B.

54 **Charles IX**. *Ecu au soleil*. CAROLVS. VIIII. etc. MDLXII. Ecu timbré d'un soleil. ℟. + CHRS. etc. Croix (1 varié). Rouen. Or. TB.

55 *Testons.* 1562 et 1564 (10). 1568 (15). 1565 (18). *Demi-teston.* 1570 (13). Arg. — Ens. 5 p. B. et TB.

56 **Henri III.** *Ecu au soleil.* HENRICVS. III. etc. Ecu timbré d'un soleil. ℟. + CHRISTVS. etc. 1576. Croix tortillée (4 var.). Rouen. Or. B.

57 *Franc.* Buste avec col. ℟. SIT. etc. 1577. Croix fleuronnée (20). Rennes. Arg. B.

58 — Autre avec la fraise. 1584 (25). Toulouse. Arg. B.

59 *Quart d'écu.* HENRICVS. etc. Ecu accosté de II—II. ℟. + SIT. etc. Croix (28). Poitiers. Arg. TB.

60 HENRICVS. etc. 1579. Croix. ℟. SIT. etc. Ecu entre II — II (29). Rennes. *Huitième d'écu.* 1587 (31). Toulouse. Arg. — Ens. 2 p. TB.

61 **Henri IV.** *Quart d'écu.* HENRICVS. IIII. etc. Ecu entre II — II. ℟. SIT. etc. 1603. Croix cantonnée d'un lis (19). Villeneuve. Arg. B.

62 *Demi-franc.* Buste lauré et cuirassé. ℟. + SIT. etc. 1604. Croix. Bordeaux. Arg. TB.

63 **Louis XIII.** *Ecu d'or.* LVDOVIC. XIII. etc. 1615. Ecu. ℟. CHRISTVS. etc. Croix tortillée (6). Sainte Menehould. Or. TB.

64 — Variété de frappe plus soignée avec LVDOVICVS et la date 1634 au revers (6). Paris. Or. Très beau.

65 — Autre variété, de petit module. 1642 (6). Paris. Or. Très beau.

66 *Louis d'or.* LVD. XIII. 1641. etc. Tête laurée à dr. avec mèche longue. ℟. CHRS. etc. Croix de 8 L couronnés cantonnée de lis (22). Paris. Or. FDC.

67 — Variété. La tête du roi est plus grosse, la mèche courte. 1640. Paris. Or. Troué. B.

68 *Demi-louis.* Tête du roi avec la mèche longue, 1642 (24). Or. Très beau.

69 *Quart d'écu.* 1611 (30). Rennes et 1643 (44). Poitiers. *Quart d'écu de Béarn.* 1629 (47). *Quart d'écu de Navarre.* 1615 (49). Arg. — Ens. 4 p. TB.

70 *Demi-franc.* Buste lauré et fraisé. ℟. SIT. etc. 1615. Croix de 4 fleurons (60). Saint-Lô. Arg. TB.

71 *Essai du douzain.* LVDOVICVS. XIII. etc. 1618. Ecu entre 2 L. ℟. SIT. etc. Croix cantonnée de 2 couronnelles et de 2 L. Tranche cannelée (108). Paris. Billon. TB. Rare.

72 **Louis XIV.** *Louis.* LVD. XIIII. etc. 1644. Tête laurée à dr., mèche courte. ℟. CHRS. etc. Croix de 8 **L** couronnés (6). Paris. Or. TB.

73 *Demi-louis.* Mêmes types. 1645 (8). Paris. Or. TB. Rare.

74 *Louis.* Type varié avec la mèche longue, 1653 (12). Aix. Or. Très beau.

75 *Demi-louis.* Mêmes types, 1652 (13). Paris. Or. Très beau. Rare.

76 *Louis.* Tête juvénile laurée. 1663 (22). Paris. Or. TB.

77 *Louis.* LVD. XIIII. etc. Tête laurée. ℟. SIT. 1691. Ecu couronné (29). Rennes. Or. TB.

78 *Demi-louis.* Mêmes types. 1693 (30). Clermont. Or. TB. Rare.

79 *Louis.* Même lég. Tête laurée. 1694. ℟. CHRS. etc. Quatre lis couronnés en croix cantonnés de 4 **L** (33). Rouen. Or. TB.

80 *Louis.* Tête vieille laurée, 1709. ℟. CHRS. etc. Croix de 8 **L** couronnés (42). Troyes. Or. TB.

81 *Demi-louis.* Mêmes types. 1713 (43). Rouen. Or. TB. Rare.

82 *30 sols.* 1645 (59). Paris. *Quart d'écu.* 1644 (61). Paris. *Douzième.* 1644 (63). Paris. Arg. — Ens. 3 p. TB. et FDC.

83 *Ecu blanc.* Buste lauré et drapé. ℟. 1663. Ecu (102). Bayonne. Arg. TB.

84 *Douzième.* 1660 (105). *10 sols.* 1704 (169). *20 sols aux insignes* 1707 (171). *10 sols.* 1707 (172). *5 sols.* 1704 (173). Arg. — Ens. 5 p. TB.

85 *Demi-écu carambole.* LVD. XIIII. Buste à dr. ℟. SIT. etc. 1685. Ecu écartelé de France-Bourgogne (129). Amiens. Arg. TB.

86 *Douzième d'écu carambole.* Mêmes types. 1686 (132). Bayonne. Arg. B.

87 *Demi-écu aux 8 L.* 1690. Croix de 8 **L** (134). Bayonne Arg. TB.

88 *Ecu carambole aux palmes.* Buste cuirassé. ℞. SIT. etc. 1693. Ecu rond de France-Navarre-Bourgogne cerné de palmes (148). Lille. Arg. B. Rare.

89 *Ecu aux insignes.* Buste à dr. ℞. SIT. etc. 1702. Ecu rond sur le sceptre et la main de justice (153). Rennes. Arg. TB.

90 *Demi-écu de Strasbourg.* MONETA. NOVA. ARGENTINENSIS. Lis épanoui. ℞. SIT. etc. 1702. Ecu aux insignes (283). Arg. TB.

91 *33 sols de Strasbourg.* Insignes. ℞. 1707. Ecu (286). *40 sols.* Buste à dr. ℞. 1709. Ecu (287). Arg. — Ens. 2 p. AB. et B.

92 **Louis XV.** *Louis à la croix de Malte.* LVD. XV. etc. 1718. ℞. CHRISTVS. etc. Croix de Malte, 3 lis au centre (9). Caen. Or. FDC.

93 *Louis aux lunettes.* LVD. XV. etc. Buste drapé à g. ℞. CHRS. etc. 1726. Les 2 écus ovales couronnés (16). Paris. Or. TB.

94 *Demi-louis aux lunettes.* Mêmes types. 1726 (17). Paris. Or. TB.

95 *Double louis au bandeau.* LUD. XV. etc. Tête à g. ceinte d'un bandeau. ℞. Le précédent. 1767 (18). Orléans. Or. Très beau.

96 *Louis au bandeau.* Mêmes types. 1745 (19). Lille. Or. FDC.

97 *Ecu vertugadin.* LVD. XV. etc. Buste enfantin drapé. ℞. SIT. etc. 1717. Ecu rond couronné (26). Bourges. Arg. TB.

98 *Essai du demi-écu au bandeau.* LVD. XV. etc. Tête à g. ceinte d'un bandeau. ℞. SIT. etc. 1741. Ecu cerné de lauriers (type 58). Paris. Arg. Très beau et rare.

99 *Demi-écu au bandeau.* Mêmes types mais de frappe courante 1759 (58). Lille. Arg. Très beau.

100 *24 sols.* 1766 (59). Bayonne. *12 sols.* 1769 (60). Metz. *6 sols.* 1779 (67). Paris. *Livre de la Cie des Indes.* 1720 (84). Paris. Arg. — Ens. 4 p. TB.

101 *Iles du Vent.* 12 sols. Tête laurée. ℞. ISLES DU VENT. 3 lis et 2 branches. 1731 (85). Arg. Très belle.

102 *Pondichéry.* 4 royalins (92). 2 royalins (95). Arg. — Ens. 2 p. TB.

103 *Doudou* (Zay, 23). Grand fanam (101). 1/2 grand fanam (102). *Colonies*. Tampé (Z. 22). *Tabago* (Z. 91). Cuivre. — Ens. 5 p. R.

104 **Louis XVI.** *Louis aux lunettes*. LUD. XVI. etc. Buste habillé à g. ℟. CHRS. etc. 1775. Les 2 écus ovales couronnés (3). Paris. Or. TB. Rare.

105 *Louis*. Tête à g. ℟. CHRS. etc. 1780. Les 2 écus carrés sous la couronne (6). Lille. Or. FDC.

106 *Essai de l'écu de Calonne*. Buste lauré à g. signé J. P. DROZ. F. ℟. SIT. etc. 1786. Deux L cursifs, formés d'une palme et d'une branche de laurier, renfermant 3 lis et timbrés d'une couronne. Sur la tranche : DOMINE SALVUM FAC REGEM (37). Paris. Arg. FDC. Rare.

107 — La même pièce. Coin de Brichaut. Arg. FDC.

108 **Révolution.** *Lefèvre et Lesage*. 1792. 20 sols (Hénin, 440). 10 sols (442). 5 sols (445). Arg. *Caisse métallique*. 1792. 18 deniers (450). Bill. *Caisse de Bonne-Foi*. 1791. 2 sols 6 deniers (346). Cuivre. — Ens. 5 p. TB.

109 *Mirabeau*. Tête laurée à g. ℟. En 9 lignes : PUR MÉTAL DE CLOCHE FRAPPÉ PAR LES ARTISTES RÉUNIS DE LYON LE XXIV 7BRE L'AN IV DE LA LIBERTÉ IER DE L'ÉGALITÉ (375). Métal de cloche. TB.

110 **Empire.** *Joseph-Napoléon*. 1809. Son buste nu à g. ℟. Ecu couronné. 20 réaux. Arg. TB.

111 *Barcelone*. 20 pesetas. 1812. Ecu en losange dans une couronne. Or. TB.

112 *Lérida*. FERNANDO. VII. REY. DE. ESPANA. Buste drapé à dr. ℟. LERIDA. ANO. DE. 1809. Ecu couronné accosté de 5-P. 5 pesetas. Arg. B. Très rare.

113 *Louis-Napoléon*. Ducat d'Utrecht. Chevalier debout à dr. 1808. ℟. Lég. dans un cartouche. Or. TB.

114 *Jérôme Napoléon*. HIERONYMUS. NAPOLEON. Tête laurée à g. ℟. KOENIG. VON. WESTPHALEN. FR. PR. Dans le champ : X THALER. 1811. Or. TB.

115 Même lég. Tête laurée à dr. ℟. X. EINE FEINE MARK. 1812. C. Thaler. Arg. TB.

116 *Joachim Murat.* GIOACCHINO NAPOLEONE RE DELLE DUE SICILIE. Tête à g. ℞. PRINCIPE E GRAND' AMMIRAGLIO DI FRANCIA. Dans une couronne : DODICI CARLINI. 1810. Arg. Très beau.

117 **Alsace.** *Léopold, landgrave.* LEOPOLD: etc. Buste à dr. en camail. 1620. ℞. Ecu couronné; sur le tout d'Alsace et enté en pointe de Ferette; accosté des écus des évêchés de Strasbourg et de Passau; au bas, les écus de Lure et de Murbach. Thaler. Arg. TB.

MÉDAILLES

118 *Isotte de Rimini.* D. ISOTTAE. ARIMINIENSI. Son buste à dr. ℞. MCCCCXLVI. Eléphant à dr. Br. 80 m/m. (Fonte postérieure). TB.

119 *Louis XIII.* LVDOVIC. XIII. D. G. FRANCOR. ET NAVARÆ REX. Son buste à dr. ℞. VT. GENTES. TOLLAT. QVE. PREMAT. QVE. La Justice assise à dr; au bas 1623 (TN. VI. 3). Br. 60 m/m. Très belle médaille de Dupré.

120 *Prise de Montmélian.* LUDOVICUS MAGNUS REX CHRISTIANISSIMUS. Sa tête à dr. ℞. MONSMELIANUS CAPTUS. La Victoire au pied de la forteresse; au bas MDCLXXXXI. Arg. 40 m/m. TB.

121 *Naissance du duc de Bourgogne.* Buste lauré de Louis XV à dr. ℞. Armes de Paris. 1751. Br. 34 m/m. TB.

122 *Mariage de Louis XVI et Marie-Antoinette.* 1770. Leurs bustes affrontés. ℞. SACRUM ÆTERNÆ CONCORDIÆ PIGNUS. Les époux devant un autel; derrière, l'Autriche et la France unies. Arg. 41 m/m. TB.

123 *Fondation Elie de Beaumont.* PRIX DE VERTU. Buste de Pallas à g. ℞. MATERNUM PERTENTANT GAUDIA PECTUS. Femme allaitant un nourrisson; devant, 2 enfants; derrière, un pélican; à l'exergue, LA BONNE MÈRE. Arg. 41 m/m. TB. Rare.

124 *Robespierre et Cécile Renaud.* Leurs bustes en regard dans deux ovales entourés des légendes : ROBESPIERRE LE X THERMIDOR AN II. — J'AI VOULU VOIR COMMENT ÉTAIT FAIT UN TYRAN. Uniface. Br. 54 m/m. et anneau. TB.

125 *Service du Conseil des Cinq-Cents.* SERVICE DU CONSEIL DES 500. Bonnet rayonnant; au-dessous, ALLARD en creux. ℞. TOUT HOMME UTILE EST RESPECTABLE. Caducée (TN. LVI. 3). Cuivre. 57 m/m et bélière. TB. Rare.

126 *Conseil des Cinq-Cents.* Dans le champ : CONSEIL DES CINQ-CENTS; au dessous, REP. FR. et au bas un niveau en contremarques. ℞. REPRESENTANT DU PEUPLE; au-dessus : PRE SYLVAIN GUERIN gravé au trait (TN. LVII. 2). Argent. 41 m/m et bélière. TB. Rare.

127 *Défaite de Port-Lorient.* 1795. Buste de l'amiral Hood en uniforme à dr. ℞. Victoire enlevant des drapeaux français. Br. 48 m/m. TB.

128 *L'Insubrie délivrée.* 1797. ALL' ITALICO. Buste de Bonaparte à g. ℞. L'INSUBRIA LIBERA. Groupe allégorique (TN. LXIV. 1). Br. 47 m/m. TB.

129 *Conseil des Cinq-Cents.* REPUBLIQUE FRANCAISE. Faisceau et emblèmes; au bas, REPRES. DU PEUP. L'AN. VI dans une couronne de chêne. ℞. CONSEIL DES CINQ-CENTS. Table et niveau entourés d'un serpent (TN. LXVIII. 3). Arg. 50 m/m. TB.

130 *Paix d'Amiens.* 1802. Bustes des trois Consuls, celui de Bonaparte en haut. ℞. PAIX INTÉRIEURE. PAIX EXTÉRIEURE (TN. XC. 9). Br. doré. 67 m/m. TB.

131 *Construction de 2000 barques.* 1804. Tête laurée de Napoléon à dr. ℞. Hercule ligotant un léopard (TN. II. 7). Br. 40 m/m. TB.

132 *Route de Nice à Rome.* 1807. Femme assise sur des montagnes et accoudée à une roue (TN. XXIII. 16). Br. 40 m/m. TB.

133 *Bataille de Raab.* 1809. Tête du prince Eugène à g. ℞. Victoire assise entre des trophées (TN. XXXII. 11). Br. 40 m/m. TB.

134 *Mariage de Napoléon et Marie-Louise.* 1810. Leurs têtes accolées à dr. ℞. Les époux s'approchant de l'autel (TN. XXXIX. 2). Arg. 40 m/m. TB.

135 *Bataille de la Moskowa.* 1812. Tête laurée. ℞. Hussard sabrant des Russes (LIII. 9). Br. 40 m/m. TB.

136 *Entrée à Moscou*. 1812. Le Kremlin (TN. LIII. 8). Br. 40 m/m. TB.

137 *Campagne de 1814*. Napoléon observant l'ennemi. Br. 52 m/m. TB.

138 *Destruction des aigles*. 1814. Buste en uniforme. ℟. Grenadiers de la Garde brûlant leurs drapeaux (TN. LXII. 1). Br. 40 m/m. TB.

139 *Fidélité*. Buste de Louis XVIII à g. par Gayrard. ℟. FIDÉLITÉ dsns une couronne de lis. Arg. 18 m/m. TB.

140 *Intendance des menus plaisirs du roi*. 1814. Armes royales entourées d'emblèmes. ℟. SERVICE DES CÉRÉMONIES. Trois lis. Etain. 45 m/m. TB.

141 *Pierre Didot, typographe*. Tête à dr. ℟. Presse. 1823. Br. 40 m/m. TB.

142 MICHEL BREZIN FONDATEUR DE L'HOSPICE DE LA RECONNAISSANCE. Son buste drapé à g. Médaillon uniface. Bronze. 129 m/m. TB. (Michel Brézin (1758-1828) fut maitre de forges en Normandie et fonda par testament l'hospice de la Reconnaissance).

143 MICHEL BREZIN. Son buste nu à g.; au-dessous, FONDATEUR DE L'HOSPICE DE LA RECONNAISSANCE. Médaillon uniface. Bronze. 114 m/m. TB.

144 T. E. MIONNET. CONSERVATEUR-ADJ. DU CABINET DES MÉDAILLES. En 2e lég.: DE LA BIBLIOTHÈQUE DU ROI CHEV. DE LA LÉGION D'HONNEUR. Son buste habillé à dr.; au bas, DEPAULIS F. 1829. Médaillon uniface. Au revers, gravé en creux: *Depaulis à Monsieur Mionnet souvenir d'attachement*. Fonte. 163 m/m. TB.

145 *Chambre des Députés*. Tête de Charles X à g. ℟. CHAMBRE DES DÉPUTÉS. 1846. Couronne de chêne. Arg. 41 m/m. TB.

146 — Tête nue de Louis-Philippe à g. ℟. Le précédent avec 1830. 41 m/m. TB.

147 — Sa tête couronnée à dr. ℟. CHAMBRE DES DÉPUTÉS. SESSION 1840 dans une couronne de chêne. Arg. 41 m/m. TB.

148 — Sa tête couronnée à g. ℟. CHAMBRE DES DÉPUTÉS. SESSION 1843. La France entourée de divinités allégoriques. Arg. 51 m/m. TB.

149 *Chambre des Pairs*. Ecu portant les lettres L. P. sur champ d'azur, entouré d'un manteau sous la couronne royale. ℞. CHAMBRE DES PAIRS dans le champ. Octogone. Cuivre doré. 62 m/m et anneau. TB.

150 *Le duc de Reichstadt*. Son buste à g. en uniforme. ℞. Lég. en 9 lignes. 1832. Br. 51 m/m. TB.

151 *Jean-Jacques Rousseau*. Vue de la statue élévée à sa mémoire par les Génevois en 1834. Br. 67 m/m. TB.

152 *Henri Estienne*. Tête à dr. ℞. Femme couronnant une presse d'imprimerie entre 2 enfants. Br. 49 m/m. TB.

153 *Kléber*. Sa statue à Strasbourg. ℞. 1840. Vue de la ville prise des Ponts-Couverts. Br. 58 m/m. TB.

154 L'ABBÉ DE L'ÉPÉE NÉ A VERSAILLES. Son buste à g.; dessous, MICHAUT DES MONNAIES. VERSAILLES. 1843. Médaillon uniface. Bronze. 128 m/m. TB.

155 *Médaille de dévouement*. Tête couronnée de Louis-Philippe à g. ℞. A CLARAC. ELEVE EN PHARMACIE POUR SON COURAGE ET SON DÉVOUEMENT LORS DU FUNESTE ÉVENEMENT ARRIVÉ SUR LE CHEMIN DE FER DE VERSAILLES 8 MAI 1842 Arg. 51 m/m. TB.

Rare et intéressante médaille rappelant la catastrophe dans laquelle périt le célèbre navigateur Dumont d'Urville.

156 *Le Général Bertrand*. Sa tête à dr.; dessous : D'APRÈS DAVID. 1844. ℞. Buste à g. de Napoléon coiffé du petit chapeau. Br. 50 m/m. TB.

157 *Sapeurs-pompiers*. MINES D'ANZIN, DENAIN, FRESNES, V[x] CONDÉ (NORD). Buste de Ste Barbe. ℞. Emblèmes. Br. 39 m/m. et bélière. TB.

158 *Représentant du Peuple*. REPUBLIQUE FRANÇAISE MDCCCXLVIII. Faisceau et emblèmes dans une guirlande de chêne. ℞. ASSEMBLÉE NATIONALE dans une couronne civique. Arg. 50 m/m. TB.

159 Tête de République avec la peau de lion à dr. ℞. Le précédent. MDCCCXLIX. Arg. 50 m/m. TB.

160 *Le notaire Laforest*. RÉPUBLIQUE FRANC[SE]. — LIB. ÉGAL. FRAT. Dans le champ : FÉVRIER 1848. ℞. COMITÉ EXÉCUTIF PROVISOIRE DE LYON. Dans le champ : PRÉSIDENT LAFOREST. Etain. 34 m/m. TB.

161 *Asile d'aliénés de Cadillac.* 1854. Tête nue de Napoléon III à g. Br. 68 m/m. TB.

162 *Préfet de Police.* Même tête. ℟. PRÉFECTURE DE POLICE. Dans une couronne de chêne : Mr. PIÉTRI. PRÉFET. Arg. 50 m/m. TB.

163 *Corps législatif.* Même tête. ℟. CORPS LÉGISLATIF. SESSION DE 1856. Dans une couronne de chêne : LAFFITE CHARLES. LOT-ET-GARONNE. Arg. 50 m/m. TB.

164 *Eglise réformée de France.* Cambrai, le Cateau, etc. 1857. Br. 44 m/m. TB.

165 *Société de tir de Charleville-Mézières.* Ecu entre 2 tireurs. Br. 37 m/m. TB.

166 *Imprimerie Danel à Lille.* 1863. Buste de Gutenberg à dr. Br. 42 m/m. TB.

167 *Cie d'Assurances de Goteborg.* 1866. La Suède assise de face sur un lion. Br. 45 m/m. TB.

168 *Charleville.* J. B. M. GAROT. 1811. 1896. ARCHIPRETRE DE CHARLEVILLE 1862. 1891. Son buste à g. en camail, signé A. COLLE. Plaque uniface. Bronze 161/112 m/m. TB.

169 *Assemblée nationale.* RÉPUBLIQUE FRANÇAISE. MDCCCLXXI. Faisceau et emblèmes dans une couronne. ℟. Couronne de chêne. Arg. 50 m/m. TB.

170 *Chambre des Députés.* Tête de République avec la peau de lion à dr. ℟. CHAMBRE DES DÉPUTÉS. MDCCCLXXVII. Dans une couronne : LEVÊQUE (CÔTE D'OR). Arg. 50 m/m. TB.

171 *Congrès de Douai.* 1876. Industrie minérale. Vue d'une exploitation de mine. Br. 41 m/m. TB.

172 *Concours de Vienne.* 1895. Vins et eaux-de-vie. Vignerons au travail. Arg. 40 m/m. TB.

173 *Société des Incas de Valenciennes.* 1851. Femme faisant l'aumône. Arg. 34 m/m. TB.

174 *Société technique de l'industrie du gaz.* Génie portant 2 flambeaux, planant au dessus d'une ville. Arg. 55 m/m. TB.

175 *Chambre syndicale de la bijouterie.* Deux femmes admirant des pièces d'orfèvrerie. Plaquette argent. 52/42 m/m. TB.

176 *Alphonse Lamotte,* conservateur du musée du Hâvre par ALPHÉE DUBOIS. 1898. Son buste à g. ℟. Légende en 12 lignes et branche de laurier. Plaquette. Arg. 43/55 m/m.

177 *Sport nautique d'Abbeville*, par BOTTÉE. Tête de République. ℞. Emblèmes. Arg. 44 m/m. TB.

178 *Centenaire de la Chambre des Députés*, par BOURGEOIS. Le président des Cinq-Cents haranguant des grenadiers. A l'exergue : II PLUVIOSE AN VI INAUGURATION DU CONSEIL DES CINQ CENTS. ℞. XXI JANVIER MDCCCXXXVIII CENTENAIRE DE LA CHAMBRE DES DÉPUTÉS AU PALAIS BOURBON. Médaillon de la République ; vue du Palais-Bourbon, etc. Arg. 71 m/m. TB.

179 *Inauguration du canal de Suez*, par ROTY. 1869 L'ÉPARGNE FRANÇAISE PRÉPARE LA PAIX DU MONDE. Deux femmes allégoriques. Arg. 41 m/m. TB.

180 *Percement de l'isthme de Panama* (Roty). La Fortune unissant les deux Océans. Arg. 34 m/m. TB.

181 *Centenaire de la Banque de France*. 1800-1900 (Roty). Buste casqué de République à g. ℞. CONFIANCE ET TRAVAIL. Deux femmes dans un paysage au bord d'un fleuve. Arg. 65 m/m. Très belle médaille. Rare.

182 *Orfèvrerie Christophle* (Roty). La Science présentant une coupe d'art à l'inventeur. ℞. Légende et branche de laurier. Plaquette. Arg. 29/41 m/m. TB.

183 *Chambre de commerce de Saint-Nazaire* (Roty). Amphitrite assise au bord de la mer. ℞. Armes au-dessus du port. Octog. Arg. 45 m/m. TB.

184 *Chambre de commerce de Lyon* (Roty). Caducée et laurier. ℞. IN TENVI LABOR AT TENVIS NON GLORIA. Génie dévidant un écheveau de soie. Octog. Arg. 45 m/m. TB.

185 *Société d'encouragement à l'art et à l'industrie* (Roty). Buste casqué de République à g. ℞. Vulcain présentant l'égide à Minerve. Plaquette. Arg. 41/58 m/m. Très belle et rare.

186 *Prison de Fresnes-les-Rungis* (Roty). Libéré quittant l'asile. ℞. Triple sujet : La cellule. Le travail. Le parloir. Plaquette. Br. argenté. 79/58 m/m. Très belle plaquette. Rare.

187 *Centenaire de Victor Hugo*. 1802-1902, par CHAPLAIN. Buste à dr. ℞. Lyre et emblèmes. Arg. 32 m/m. TB.

188 *Conservatoire de musique* (Chaplain). Thalie et Melpomène. ℞. Mr GAUGIN 1er PRIX DE CONTREBASSE. 1902, au bas, une branche de laurier. Arg. 68 m/m. TB.

189 *Société des Amis des livres*. 1881-1897 par A. Charpentier. DUC D'AUMALE PRÉSIDENT D'HONNEUR. Son buste à g. ℞. G. DE MONTOZON. Jeune fille tenant un livre. Plaquette. Arg. 57/61 m/m. Très belle et rare.

190 *Centenaire de l'ordre des Avocats*. 1910, par DAUTEL. Avocat devant la Justice. ℞. Le Palais de Justice. Plaquette. Br. argenté. 55/75 m/m. TB.

191 *Jean Gutenberg* par LEON DESCHAMPS. Buste de Gutenberg à g. ℞. ET LA LUMIÈRE FUT. Presse à bras. Br. 75 m/m. TB.

192 *Millénaire de la Normandie*. 1911 par MEROT. Hommage de Rollon. ℞. Femme sous un pommier. Plaquette. Br. argenté. 60/49 m/m. TB

193 *Félix Ziem*, par MOTTI. Buste du peintre à g. ℞. 1821-1911. Vue de Venise. Plaquette. Bronze. 67 m/m. TB.

194 *E. J. Marey*, par PAUL RICHER. Son buste à g. ℞. Le savant dans son cabinet. Plaquette. Br. 63/50 m/m. TB.

195 *Exposition de Glasgow*, 1901, par VERNON. Deux femmes se donnant la main. ℞. Vue de Glasgow. Plaquette. Arg. 53/67 m/m. Très belle. Exemplaire numéroté (15). Rare.

196 *Société des Amis des livres*. 1880-1901, par Vernier. EUGÈNE PAILLET PRÉSIDENT. Son buste de trois-quarts à dr. ℞. G. DE MONTOZON. Livres et fleurs. Arg. 56 m/m. Très belle. Rare.

197 **Médailles éditées par la Société des Amis de la Médaille.** *Aux Poètes sans gloire*, par BOTTÉE. Femme en deuil portant une lyre. ℞. Figures de rêve planant sur un tombeau. Arg. 89 m/m. Très belle médaille. Exemplaire numéroté (47). Rare.

198 *Lion terrassant un taureau*, par V. PETER. ℞. Lionne au repos sur une branche et lionceaux jouant. Arg. 65 m/m. Exemplaire numéroté (65). TB. Rare.

199 *Musique guerrière*, par P. NICLAUSSE. Buste lauré de femme à g. ℞. Guerrier entraîné par la musique. Arg. 60 m/m. Exemplaire numéroté (14). TB. Rare.

200 *Manette et Minette*, par YENCESSE. Vieille femme tricotant au coin du feu. ℞. Fillette tenant un chat. Arg. 59%. Exemplaire numéroté (49). TB. Rare.

201 *Tendresse maternelle*, par YENCESSE. Buste de jeune femme caressée par un enfant. ℞. Fleurs. Arg. 45%. N° 55. TB.

202 *L'Egypte*, par E. FREMIET. Buste de femme hiératique à dr.; entre des emblèmes. ℞. Eléphant portant une figure d'Isis et suivi d'un autre éléphant avec deux porteurs d'éventails. Plaquette. Arg. 82/65%. N° 54. TB.

203 **Divers.** *Henri V.* Médailles diverses concernant le comte de Chambord, les légitimistes, etc. Diverses époques. Cuivre et étain. Ens. 19 p. TB.

204 *Picardie.* Amiens, Péronne. Médailles de 1870-1871 de la région, etc. Bronze et étain. Ens. 11 p. TB.

205 *Colonies françaises.* Armée d'Afrique, Algérie, etc. Cuivre et étain. Ens. 13 p. TB.

206 *Annexion de Nice et de la Savoie.* 1860. Cuivre et étain. 5 p. *Garibaldi.* 4 p. Cuivre. — Ens. 9 p. TB.

207 *Jacquerie de 1851.* Auch. Aups. Les Beaumettes. Forcalquier. Marmande. Etain. Ens. 5 p. TB.

208 *Normandie.* Médailles populaires. Cuivre et étain. — Ens. 31 p. TB.

209 *Revendications féminines.* 1848. Club des femmes. Vésuviennes. Commune de 1871. Pétroleuses. Cuivre et étain. — Ens. 10 p. TB.

210 *Médecine et hôpitaux.* Invalides civils 1848. Hôpital civil aux Tuileries. Sté de vaccine. Hôpital de Meudon. Choléra de 1848-49. Hahnemann. Conneau. Bronze et étain. — Ens. 8 p. TB.

211 *Raspail.* Médailles populaires. Bronze et étain. 18 p. TB.

212 *Guerre de 1870-71.* Ambulance et dons Richard Wallace. Ambulances de la presse. Etain. — Ens. 2 p. 68%. TB.

213 Ambulance R. Wallace. Les brancardiers du maire Bonvalet. Etain. — Ens. 2 p. 47%. TB.

214 Souscription de la Presse. Ambulances de la Presse. Ambulance de la rue Suger. Cuivre et étain. — Ens. 7 p. TB.

215 *Monuments transformés en ambulances.* 1870. Drapeau de Genève. ℞. Serpent en cercle. Au centre : MGR DARBOY VISITE L'AMBULANCE BRETONNE. Cuivre. TB.

216 Même droit. ℞. LE PALAIS DE JUSTICE — AMBULANCE MILITAIRE. Cuivre. TB.

217 — Autre : THATRE LYRIQUE. Cuivre. TB.

218 — Autre : THÉATRE FRANÇAIS. Cuivre. TB.

219 — Autre : LE THÉATRE DE L'ODÉON. Cuivre. TB.

220 — Autre : LE THÉATRE DU CHATELET. Cuivre. TB.

221 — Autre : THÉATRE DES VARIÉTÉS — AMBULANCE DE LA GARDE NATLE SEDENTAIRE. Cuivre. TB.

222 — Autre : LES AMBULANCES DE LA PRESSE ONT A LEUR TÊTE LE CITN ARMAND GOUZIEU A LA BATAILLE DU 2 XBRE 1870. Cuivre. TB.

223 — Variété. Au droit : SOUVENIR PERSONNEL. 1870 en 2e lég. ℞. Le précédent. Cuivre. TB.

JETONS

224 **Moyen-âge.** *Type de la Chaise d'or.* Le roi assis de face. ℞. Croix. Cuivre. — Ens. 4 p. variées. TB.

225 *Type au Royal.* Le roi debout sous un portail. ℞. Cuivre. — Ens. 15 p. variées. B. et TB.

226 — *à la couronne.* Couronne royale. Cuivre. — Ens. 19 p. variées. B. et TB.

227 — *au châtel.* Châtel tournois. Cuivre. — Ens. 13 p. variées.

228 — *à l'écu.* Ecu à 3 lis. — Ecu à 6 lis. Cuivre. — Ens. 26 p. B. et TB.

229 — *au champ fleurdelisé.* Lis sans nombre. — 4 lis. — 3 lis. — Lis dans un cercle. Cuivre. — Ens. 18 p. B. et TB.

230 *Types variés.* Sauvage. Type esterlin. Lis. Trilobe. Sexilobe. Couronnelles. M gothique. Arbuste. Rose. Monogramme de Christ. Cuivre. — Ens. 39 p. La plupart B.

231 *Type à l'écu losangé.* ℞. Croix. Pênes de clef. Navire. — *à l'agnel.* — *à l'angelot.* — *à l'ours.* Cuivre. — Ens. 47 p. La plupart B. et TB.

232 *Lombards.* Androclès. Besace. Ecus. Oiseau. Monogrammes. etc. Cuivre — Ens. 21 p. B. et TB.

233 — Autres pièces variées. Ecus. Aigle. Lion de Saint-Marc. Monogrammes, etc. Cuivre. — Ens. 26 p. En général B.

234 **Jetons royaux.** *François I.* Ecu couronné accosté de 2 lis entre 4 rosettes. ℞. Croix fleurdelisée cantonnée de 4 étoiles. Cuivre. Petit module. TB.

235 *Charles IX.* ADVE. CAR. VIII. REG. LVT. D. C. M. Le roi à cheval reçu par la ville debout sous une porte. ℞. ET. ELIZABET. REGINÆ. 1571. La reine dans un char, entrant sous la porte; derrière, 2 guerriers la couronnent. Arg. TB.

236 Ecu et colonnes. Bige de lions, 1562. Allégorie. 3 p. *Henri III.* Trois couronnes. Autel, 1588. 5 p. Cuivre. — Ens. 8 p. B. et TB.

237 *Henri IV.* Cavaliers, 1595. Emblèmes, 1595. Centaure abattu, 1601. Espérance, 1602. Couronnes, 1609. Ancre, 1610. Buste, 1610. Cuivre. — Ens. 8 p. TB. et B.

238 *Louis XIII.* Son buste. Le Soleil, 1614. La Paix, 1614. Emondeur, 1615. Trône, 1619. Buisson ardent, 1620. Dextrochère menaçant les hérétiques, 1620. L'Abondance, 1625. Cuivre. — Ens. 8 p. TB.

239 Soleil, 1622. Le roi entre des personnages, 1626. Aigle, 1629. Poursuite des ennemis, 1632. Le roi debout, 1632. Lis entre 2 bornes, 1632. Cuivre. — Ens. 6 p. TB.

240 *Louis XIV.* Son buste, 1644 et s. d. Aigle et palmier, 1645. Lis et rochers, 1660. Mains jointes, 1660. Amour, 1665. Laurier, 1666. Arbres. Aigle impériale. Lis. Guerrier. Jardinier. Victoire. Coq gardien de la toison d'or. Statue équestre. Cuivre. — Ens. 15 p. TB.

241 **Conseil du roi.** *Henri II.* NIL. NISI. CONSILIO. 3 lis dans 3 croissants. ℟. DONEC. TOTVM. IMPLEAT. ORBEM. 1554. Croissant couronné, sur 2 casques et une cuirasse. Cuivre. TB.

242 Même droit. ℟. Même lég. 1556. Croissant sous un carquois et emblèmes guerriers entre 2 **H**. Cuivre. TB.

243 Même droit. ℟. Même lég. 1558. Croissant couronné ; dessous, aigle et 3 lions. Cuivre. B.

244 *François II.* FRANCISCVS. II. D. G. FRAN. REX. 1561. Colonne penchée sous une couronne. ℟. NIL. etc. Ecu dans le collier. Cuivre. TB.

245 *Henri III.* NIL. etc. Ecu et collier. ℟. CONCORDIBVS. OMNIA. LÆTA. 1576. Femme assise de face. Cuivre. TB.

246 Même droit. ℟. SVBDET VTRVMQ. POLVM. 1582. Laurier sur globe orné du signe du bélier. Arg. TB. Rare.

247 — La même pièce. Cuivre. TB.

248 NIL. etc. Ecu dans le double collier. ℟. DEGENERES. SOL. ARGVIT. 1585. Aigle sur une aire d'où tombent des aiglons aveuglés par le soleil. Arg. TB. Rare.

249 HENRICVS. III. etc. Colombe portant la sainte ampoule. ℟. NIL. etc. Ecu dans un collier. Cuivre. TB.

250 *Louis XIII.* NIL. etc. Ecu dans le double collier. ℟. COELVM. FIDA. FOEDERE. FIRMAT. 1616. Vigne et laurier. Cuivre. TB.

251 Même droit. ℟. FREGIT. MONTES. PACEMQVE. REDVXIT. 1631. Double dextrochère au-dessus de montagnes. Arg. TB.

252 *Louis XIV.* NIL. etc. Ecu dans le double collier. ℟. NOSTRIS PARS. REDDITA. TERRIS. 1645. Victoire au-dessus de Gravelines. Arg. TB.

253 Même droit. ℟. COLLIGIT. VT. SPARGAT. 1656. Une fontaine répartitrice. Arg. TB. Rare.

254 1650. Vue du Pont-Neuf. — 1661. Arc de triomphe contremarqué RACINE. Cuivre. — Ens. 2 p. TB.

255 **Conseillers du roi et Notaires.** Buste lauré, drapé, de Louis XV à dr. signé DV VIVIER. ℟. LEX etc. Gnomon. 1720. Arg. Troué. B. Rare.

256 **Substituts au Conseil.** *Louis XV.* Buste lauré et cuirassé à dr. signé I. D. V. ℟. REGI CIVIBVS ARIS-SUBSTITVTS AU G^D CONSEIL. 1755 dans une couronue de chêne. Arg. TB. Rare.

257 — Variété; la cuirasse ornée d'un rameau de laurier, signé DV. Arg. TB. Rare.

258 **Chambre des Comptes.** Moyen-Age. Ecu de François I. Ecus de France et d'Angleterre. Croissants, 1553. La Renommée, 1576. Femme à g., 1579. Uranie, 1580. Balance, 1588. Cuivre. — Ens. 8 p. La plupart B.

259 Deux amours, s. d. Dauphin soutenu par 2 mains, 1605. Le roi assis, 1618. Cuivre. — Ens. 3 p. TB.

260 **Correcteurs des Comptes.** Les 2 écus. ℟. HÆC. ALTERA. NESCIA FALLI. 1641. La Justice assise à dr. Arg. TB.

261 **Secrétaires du roi de l'ancien collège.** Champ semé de lis. ℟. 1620. Aigle. Cuivre. TB.

262 **Secrétaires du roi.** *Louis XIV.* Champ semé de lis. ℟. VOX. VNA. RECLVDIT. 1654. Cadenas; au-dessus, LOVIS. Arg. TB. Rare.

263 LUDOVICUS MAGNUS REX. Buste à dr., signé TB. ℟. DVCEM. REGEM. QVE. SEQVVNTVR. 1701. Abeilles s'élevant vers le soleil. Arg. TB.

264 Tête à dr. ℟. Même type. 1711. Arg. TB.

265 *Louis XV.* LUDOVICUS. XV. Buste lauré, signé *JCR.* ℟. Le précédent varié. 1715. Arg. TB.

266 LUD. XV. etc. Même buste, non signé. ℟. Le même. 1715. Arg. TB.

267 Variété. Buste différent, signé I. R. ℟. Le même. 1715. Arg. TB.

268 Buste habillé avec le cordon. signé DU VIVIER. F. ℟. Le même varié, 1724. Arg. TB.

269 Buste cuirassé avec le manteau, signé *J. C. R.* ℟. Même type varié. 1731. Arg. TB.

270 Tête au bandeau, signé f. m. ℟. Le précédent. 1731. Arg TB.

271 Même tête variée, signée *F. M.* ℟. Le même. 1731. Arg. TB

272 Buste lauré et cuirassé avec le cordon, signé I. D. V. ℟. Le même. 1731. Arg. TB.

273 — Variété avec laurier sur la cuirasse, signé DV. Arg. TB.
274 Buste lauré, signé C. N. R. FILIVS. ℟. Le même. 1731. Arg. TB.
275 Tête laurée à dr., signée *R. filius*. ℟. Le même. 1731. Arg. TB.
276 *Louis XVI*. LUD. XVI. etc. Tête à dr., signée DU VIV. ℟. DUCEM. etc. 1776. Même type. Arg. TB.
277 Buste drapé à dr., signé N. GAT. F. ℟. Le même. 1776. Arg. TB.
278 — Variété de revers. Le soleil plus petit. 1776. Arg. TB.
279 Buste habillé à g., signé J. P. DROZ. ℟. Le même. 1776. Arg. TB.
280 **Trésor royal.** *Louis XIV*. Tête à dr. ℟. REGE. INCOLVMI. NON. DEERIT. COPIA. 1687. Ruche et essaim. Arg. TB.
281 Tête variée. ℟. PACEM. SVMMA. TENENT. 1690. Soleil dissipant les nuages au flanc d'un mont. Arg. TB.
282 Tête vieillie. ℟. ARMA. PRIUS. NUNC. DONA. 1700. Massue d'où sortent des pousses d'olivier. Arg. TB.
283 *Louis XV*. Buste enfantin lauré. ℟. FELIX DILUVIES. MDCCXX. Le Nil étendu à g. sur son rivage. Arg. TB.
284 Buste habillé à dr. ℟. LATE SUA DONA REPENDIT. 1725. Le Nil assis à dr. Arg. TB.
285 Tête laurée. ℟. ORDINE CUIQUE. 1730. Le Soleil sur le zodiaque. Arg.
286 Tête laurée. ℟. DANT ACCIPIUNT QUE VICISSIM. 1758. Neptune près de 2 fleuves. Arg. TB.
287 Aqueduc, 1681. Palmier et laurier, 1739. Femme et guerrier, 1740. Triptolème, 1741. L'arche de Noé, 1742. Cuivre. — Ens. 7 p. TB.
288 **Chambre aux deniers**. *Louis XV*. Buste cuirassé. ℟. IPSO FŒCUNDA QUOTANNIS. 1739. Palmier. Arg. TB.
289 Tête au bandeau. ℟. REGALI SPLENDET USU. 1750. Branche. Arg. TB.
290 **Parties casuelles.** *Louis XIV*. Tête à dr. ℟. MUTAVIT INCERTOS HONORES. 1715. Bacchus consolant Ariane. Arg. TB.
291 *Louis XV*. Buste habillé, signé DV. ℟. EXIGUUM COLITO. 1727. Jardinier arrosant un oranger dans une caisse. Arg. B.

292 Tête au bandeau. ℞. URGET PROLIS AMOR. 1740. Pélican et ses petits. Arg. TB.

293 Buste lauré. ℞. QUÆ CECIDERE LEGIT. 1754. L'Amour ramassant des fruits tombés d'un pommier. Arg. TB.

294 **Argenterie du roi.** *Louis XV.* Buste cuirassé. ℞. MUTAT FACIES SEMPER QUE DECENTER. Deux femmes et un amour. Arg. FDC.

295 **Bâtiments du roi.** *Louis XV.* Buste lauré et cuirassé. ℞. ET BELLANS COLIT ARTES. 1745. Minerve debout. Arg. TB.

296 **Ordinaire des guerres.** *Louis XIV.* Les 2 écus. ℞. IVSTIS. SPES. PACIS. IN. ARMIS. 1647. Guerrière assise à g. Arg. TB.

297 Buste de Louis XIV à dr. ℞. AVDAX. IRE. VIAS. 1666. Le soleil sur le zodiaque. Arg. TB.

298 *Louis XV.* Tête laurée. ℞. DISCITE JUSTITIAM. 1757. Jupiter foudroyant les Titans. Arg. TB.

299 **Extraordinaire des guerres.** *Louis XV.* Tête laurée. ℞. PACIS TUTELA DECUS QVE. 1764. Monceau d'armes. Arg. TB.

300 Tête vieille laurée. ℞. PRÆTERITI MERCES PIGNUSQUE FUTURI. 1773. La France offrant un bouclier à une armée. Arg. TB.

301 Buste lauré, signé R. FIL. ℞. DONEC TUBA SURGERE COGAT. 1774. Soldat couché sous un laurier, signé DV. Arg. TB.

302 *Louis XVI.* Tête au bandeau. ℞. PRISCA NOVO SUB REGE FIDES. 1775. Essaim à g. vers le soleil. Arg. TB.

303 **Artillerie.** *Louis XV.* Buste cuirassé. ℞. VIGORE PATRIO FULMINA MITTIT. 1737. Deux aigles. Arg. TB.

304 *Louis Charles de Bourbon.* Buste à dr. ℞. LUDENS VERBERAT AURAS. 1750. Bélier bondissant à g. Arg. TB.

305 **Artillerie et Génie.** *Louis XV.* Buste habillé. ℞. ET PLACIDO METUENDA JOVE. Bellone assise au milieu de pièces d'artillerie. Arg. TB.

306 **Marine.** *Louis XV.* Tête laurée. ℞. POSITIS NON SEGNIOR ARMIS 1716. Pallas assise à g. Cuivre. TB.

307 Louis de Vermandois, 1674. Duc du Maine et Comte de Toulouse (2 p.). Louis de Vendôme, 1704. Le chevalier d'Orléans, 1724. Cuivre. — Ens. 5 p. B. et TB.

308 **Paix de Paris.** *Louis XVI.* Buste à dr. ℞. Dans une couronne : LIBERTÉ DES MERS. — PAIX DE 1783. Arg. TB.

309 **Académie des Sciences.** *Louis XV.* Buste habillé. ℟. INVENIT ET PERFICIT. 1716. Pallas assise à g. Arg. TB.

310 **Personnages.** X*** Ecu billeté au lion dans un quadrilobe anglé. ℟. Ecu aux 3 cœurs dans un quadrilobe. Cuivre. TB. Rare.

311 *Gui Bailly.* GVI. BAILLY. REGIS. RATIONVM. PRAESES. Son écu. ℟. ANIMI. FORTITVDO. 1550. Homme enlevant un bœuf; au bas, un aigle. Cuivre. B. Rare.

312 *Jules de Loynes et Jeanne Regnier.* Ecu parti. ℟. SPES. VNA PERVIT. 1631. Deux cœurs sur un autel. Cuivre. TB. Rare.

313 *Achille de Harlay et Marie de Bellièvre.* 1638. Ecu de Harlay. ℟. Eeu de Bellièvre. Arg. Refrappe. TB.

314 *F. Lebrun*, conseiller à la cour des monnaies. Son écu. ℟. SOLA. PLACET. SVPERIS. 1645. Roseau sous des étoiles. Cuivre. TB.

315 *Goyon-Matignon* ? Ecu écartelé ℟. ANIMIS. ILLABERE. NOSTRIS 1653. Le Saint-Esprit. Cuivre. TB. Rare.

316 *Le maréchal de Tourville.* 1700. Son écu sur 2 bâtons de maréchaux et 2 ancres. Cuivre. Refrappe. TB.

317 *Marie Adélaïde, duchesse de Bourgogne.* Buste à g. ℟. SPES ALTERA SVRGIT. 1710. Une vigne. Arg. TB. Rare.

318 *Ph. Em. de Crussol et M. Ant. d'Estaing.* 1715. Leurs écus accolés sur un cartouche couronné. Octog. Cuivre. B.

319 *Voyer d'Argenson.* 1743. Son écu tenu par 2 anges. Octog. Refrappe. Cuivre. TB.

320 *Le Normant de Tournehem.* 1745. Son écu tenu par 2 sauvages. Octog. Arg. Refrappe. TB.

321 *Mariage de Marie-Antoinette.* 1770. Tête de l'impératrice Marie-Thérèse à dr., signée DV. ℟. Minerve assise devant un palmier auquel un amour attache 2 écus. Arg. Refrappe. TB.

322 *Le prince de Bauffremont.* 1772. DIEU AIDE AU PREMIER CHRÉTIEN. Ecu sur un manteau. Arg. Refrappe. TB.

323 *M. Joséphine de Savoie, comtesse de Provence.* Tête à dr. ℟. MONSIEUR FRÈRE DU ROI. Son buste à g. Arg. Refr. TB.

324 *M. Thérèse de Savoie, comtesse d'Artois.* Buste à g. ℟. Ecus accolés d'Artois et de Savoie. Arg. Refrappe. TB.

325 **Jetons de Dassier pour le Dauphin.** REGULUS. Tête à dr. ℟. Régulus devant le Sénat. Arg. TB.

326 *Victoires d'Annibal.* Trois trophées. ℟. L'orgie de Capoue. Arg. TB.

327 M. CLAUD. MARCELLUS. Tête à dr. ℟. Marcellus pardonnant aux Siciliens. Arg. TB.

328 *Marius à Carthage.* Marius et le licteur. ℟. La Discorde épouvantant le Tibre. Arg. TB.

329 CATON D'UTIQUE. Buste à dr. ℟. Caton se donnant la mort. Arg. TB.

330 **Paris.** *Louis XIV.* Buste à dr. ℟. DESIDERIIS. ICTA. FIDELIBUS. 1704. Aigle et aiglons. Arg. TB.

331 *Hôtel de Ville.* Buste de Louis XVI à g. ℟. Vue de l'Hôtel de Ville. Arg. TB.

332 *Prévôts des marchands.* Alexandre de Sève, 1657. A. de Pomereu, 1681. De Fourcy, 1688. Claude Boscq, 1693. Cuivre. — Ens. 4 p. TB.

333 Nicolas Lambert. Son écu. ℟. Armes de Paris. 1725. Arg. TB.

334 Aubéry de Vastan, 2e prévôté. 1742. Son écu. ℟. Ecu de Paris. Arg. TB.

335 *Commissaires du Châtelet.* 1723. Ecu de Gallyot. ℟. Vue de la Cité. Br. Refrappe. TB.

336 *Greffier de la Prévôté.* Ecu de René Marier. ℟. 1659. Deux colombes sur une Foi. Cuivre. Refrappe. TB.

337 *Clergé.* HIC LABOR. 1665. Vaisseau des Argonautes. ℟. HIC. MERCES. Navire céleste. Br. Refrappe. TB.

338 *Poupart, curé de St-Eustache.* Le saint agenouillé devant un cerf. ℟. 1786. Cor et rameau. Oct. Arg. Refr. TB.

339 *Eglise Saint-Jacques de la Boucherie.* ITQVE DOCETQUE VIAM. Saint Jacques debout. ℟. Vue de la ville. 1766. Arg. TB.

340 *Saint-Jacques de l'Hôpital.* **ID** et coquille sur une fasce. ℟. Grand monogr. entre 2 coquilles. Méreau. Cuivre. TB. Rare.

341 *Fabrique de N.-D. de Bonne-Nouvelle.* 1769. L'Annonciation. ℟. Vue de Paris. Arg. Refrappe. TB.

342 *Fabrique de S*t *Pierre de Chaillot.* Buste de Louis XVI à dr. ℟. 1780. La tiare et les 2 clefs. Arg. Refrappe. TB.

343 *Doyens de la Faculté.* Jean Merlet. 1645. Son écu. ℟. Trois pensées. Arg. Refrappe. TB.

344 Le Vignon. Son buste drapé. ℟. CONTERO. MONSTRA. 1666. Bras tenant 3 serpents. Arg. Refrappe. TB.

345 Col de Vilars. Ton buste à dr. ℟. UT PROSIT ET ORNAT. 1744. L'Amphithéâtre. Cuivre. TB.

346 Théodore Baron. Son buste à dr. ℟. URBI ET ORBI SALUS. 1754. Cartouche aux armes de la Faculté. Cuivre. TB.

347 Alleaume. Son buste à dr. ℟. 1774-1775. Ecu à ses armes. Cuivre. TB.

348 Th. Le Vacher. Son buste à dr. ℟. 1779-1780. Son écu entre 2 cigognes. Cuivre. TB.

349 Pourfour du Petit. Son buste à dr. ℟. PRO REGE REGNO ET UNIVERSIT. PARIS. PRECES FUND. 1782. Hygiée sacrifiant. Cuivre. TB.

350 Sallin. J. CAR. HEN. SALLIN. GRAYACUS FAC. MED. P. DEC. Son buste à dr. ℟. 1784-1785. Ses armes sous une couronne de comte. Arg. TB. Rare.

351 *Ecole de chirurgie.* Tête de Louis XIV à dr. ℟. MANVQVE. CONSILIO QVE. 1690. Table et emblèmes. Arg. Refrappe. TB.

352 Félix Conseil, 1er chirurgien du roi. Son écu. ℟. SCOLA. etc. Trois écus. Arg. Refrappe. TB.

353 *Eclairage.* Buste de Louis XV. ℟. Bige de l'Aurore. Arg. TB.

354 *La Monnaie.* Buste de Louis XV. ℟. ET LEGE ET PONDERE. 1723. Presse monétaire. Arg. TB.

355 *Les Monnayeurs.* Tête de Louis XVI. ℟. EX IVSTITIA ORITUR ABUNDANTIA. La Justice assise à dr. à côté d'une presse monétaire. Arg. TB.

356 *Architectes.* CONSOCIARE AMAT. Pallas debout. ℟. LIBERTÉ ÉGALITÉ dans une couronne de chêne. Arg. TB.

357 *Experts des bâtiments.* Buste de Louis XVI à g. signé P. DROZ. F. ℟. RECTI. IRREQVIETA. CVPIDO. Palais en construction. Arg. TB.

358 *Fabricants d'étoffes d'or, d'argent et de soie.* Tête de Louis XIV. ℟. Leur écu Arg. Refrappe. TB.

359 *Lingères.* Buste drapé de Louis XVI. ℟. La Sainte Face sur le suaire. Arg. Refrappe. TB.

360 *Miroitiers et opticiens.* Buste lauré de Louis XV. ℟. Génie tenant un miroir et un enfant. 1775. Arg. Refrappe. TB.

361 *Orfèvres.* Buste de Louis XVI à g. ℟. IN SACRA INQUE CORONAS. Leurs armes. Arg. Refrappe. TB.

362 *Manufacture de souliers* de l'hôtel royal des Svalides (sic). Tète de Louis XIV à dr. Refrappe. Cuivre. TB.

363 *Marchands tapissiers.* Buste de Louis XV. ℟. Saint Louis debout. 1726. Arg. TB.

364 *Université impériale.* Tête laurée de Napoléon I à dr. ℟. Aigle portant une palme. Arg. TB.

365 *Annonces judiciaires.* Guirlande. ℟. CONCORDIA RES PARVÆ CRESCUNT. 1815. Feuilles d'affiches. Octog Arg. TB.

366 *Le Droit, journal des tribunaux.* 1835. La Justice assise à g. Octog. Arg. TB.

367 *Mont-de-Piété.* Buste de Louis XVI à dr. ℟. Couronne de laurier. 1824. Octog. Arg. TB.

368 *Avoués de Ire instance.* La Loi assise à g. Octog. Etain. TB.

369 *Cercle des Carabiniers.* 1840. Couronne. ℟. ADRESSE dans une guirlande au-dessus de 2 carabines. Octog. Cuivre.

370 *Imprimeurs.* Une presse. 1840. ℟. CHAMBRE DES IMPRIMEURS dans une couronne. Arg. TB.

371 — Variété avec COMFÉRENCE DES IMPRIMEURS. 1840. Arg. TB.

372 *Imprimerie nationale.* 1848. La République assise de face. Arg. TB.

373 *Imprimerie impériale.* Tête nue de Napoléon III à g. TB.

374 *Imprimerie Paul Dupont.* Bustes de Gutenberg et de Senefelder accolés à dr.; signé MONTAGNY. F. au-dessous. Octog. Arg. TB.

375 — Variété; la signature sur le côté. Octog. Arg. TB.

376 *Compagnie générale de dessèchement.* SALUBRITÉ PRODUCTION. Deux bœufs à g. Octog. Arg. TB.

377 *Code du Commerce*. La Justice assise à dr. 1850. Octog. Arg. TB.

378 *Bourse de Paris*. Mercure assis devant la Bourse. ℟. COURTIERS ASSERMENTÉS. Dans le champ : LOI DU 18 JUILLET 1866. Octog. Arg. TB.

379 *Caisse centrale du commerce et des chemins de fer*. Mercure assis à dr. Octog. Arg. TB.

380 **Abbeville**. *Notaires*. Armes de la ville. ℟. LEX. etc. La Justice assise à g.; à l'exergue : XXV VENTOSE AN XI. 1910. Arg. TB.

381 **Agde**. *F. Foucquet, évêque et comte*. 1654. Son écu. ℟. Ecureuil. Refrappe. TB.

382 **Angers**. *Jacques Charlot, maire*. 1685. Son écu. ℟. L'Hôtel de Ville. Cuivre. TB.

383 **Anzin, Fresnes et Vieux-Condé**. *Mines*. Coupe de l'exploitation. 1821. Cuivre. TB.

384 **Bapaume**. Ecu de La Rochefoucauld sur un manteau. ℟. En 10 lignes : L. ARM. FR. DE LA ROCHEFOUCAULD DUC D'ESTISSAC. CH^ER DES ORDRES DU ROI. G^D M^RE DE SA GARDEROBE BRIG^ER DE SES ARMÉES GOU^V DES V^LE ET CIT^LE DE BAPAUME (1759), date changée au burin en 1795. Arg. TB. Très rare.

385 **Bar-sur-Aube**. *Notaires*. Code ouvert. ℟. Inscription. Octog. Arg. TB.

386 **Béthune**. *Eug. Fr. Léon, prince de*. Son écu sur un manteau. ℟. 1785. Inscription. Octog. Br. Refrappe. TB.

387 **Blaye**. *Notaires*. La Justice ailée passant à dr. ℟. Inscription, signée A. BORREL. Octog. Arg. TB.

388 — Variété. La lég. plus éloignée du sujet. Octog. Arg. TB.

389 — Autre variété. Les lettres du ℟. plus petites et la signature plus grosse. Octog. Arg. TB.

390 **Bordeaux**. *Société de chirurgie*. 1753. L'Amphithéâtre de chirurgie. ℟. REGNANTE LVDOVICO XV — AUXILIIS DD. DE LA MARTINIERE EQUITIS CONSILIARII ET PRIMARII REGIS CHIRURGI 1753 en 8 lignes. Arg. Refrappe. TB.

391 Buste lauré de Louis XV, signé B. DUV. ℟. Le précédent. Arg. Refrappe. TB.

392 *Notaires*. La Justice assise à g.; dessous, mains jointes; signé TIOLIER. ℟. Inscription. Octog. Arg. TB.

393 — Variété. Les lettres du revers plus petites. Hexag. Arg. TB.

394 — Autre variété, sans point après NOTAMVS. Octog. Arg. TB.

395 **Bourges**. *Chambre de Commerce*. Armes de la ville. ℟. Inscription. Hexagone. Arg. TB.

396 — Même droit. ℟. Statue de Jacques Cœur. Hexagone. Arg. TB.

397 **Bourgogne**. *Philippe le Hardi*. AVE MARIA GRACIA. Ecu écartelé. ℟. Croix cantonnée de 2 A et 2 M dans un quadrilobe. Cuivre. TB. Rare.

398 *Philippe le Bon*. + VIVE BOVRGONGNE. VIVE. Briquet, caillou et branches sèches. ℟. + GETTES SEVREMENT. Croix fleurdelisée dans un quadrilobe. Cuivre. TB.

399 + VIVE LE DVC. VIVE DVC. AVE M. Quatre briquets formant la croix. ℟. Croix fleurdelisée. Cuivre. TB.

400 *Les Etats*. Armes de Bourgogne. ℟. ROBUR ET DECUS NOVUM. 1728. Génie appuyé sur 2 écus. Arg. TB.

401 Buste lauré et cuirassé de Louis XV. ℟. 1749. Armes de Bourgogne. Arg. TB.

402 Buste habillé. ℟. 1767. Mêmes armes. Arg. TB.

403 Buste habillé de Louis XVI. ℟. 1785. Arg. TB.

404 — La même datée 1789. Arg. TB.

405 **Bretagne**. *Les Etats*. Buste lauré et drapé de Louis XV. ℟. 1717. Armes de Bretagne. Arg. TB.

406 — Même pièce datée 1734. Arg. TB.

407 Buste habillé. ℟. 1738. Mêmes armes. Arg. TB.

408 — La même pièce datée 1768. Arg. TB.

409 Buste drapé de Louis XVI à g. ℟. 1778. Mêmes armes. Arg. TB.

410 Son buste habillé à dr. ℟. 1780. Mêmes armes. Arg. TB.

411 — La même pièce datée 1782. Arg. TB.

412 — Autre datée 1784. Arg. TB.

413 — Variété, datée 1788. Arg. TB.

414 **Cambrai.** *Les Etats.* Buste de Louis XVI. ℟. Ecu sur une double aigle. Octog. Br. Refrappe. TB.

415 **Châlons.** *Notaires.* Armes royales. ℟. Tables de la loi et balances. 1827, signé DUBOIS F. Octog. Arg. TB.

416 **Chartres.** *Notaires.* 1836. La Justice assise à dr., signé BARRE. ℟. Inscription. Octog. Arg. TB.

417 — Variété de coin, la signature plus grosse. Octog. Arg. TB.

418 **Clamecy.** *Notaires.* La Justice ailée passant à dr. ℟. Inscription. Octog. Arg. TB.

419 — Variété; la légende plus éloignée du sujet. Octog. Arg. TB.

420 **Evreux.** *Jeanne d'Evreux.* Buste entre 2 lis. ℟. Croix (Rouyer, VIII, 65). *Monnayeurs.* Armes. ℟. Balances. Cuivre. — Ens. 2 p. B.

421 **Flandres.** + LES : GEOIVERS : DE : LATA. Lion de Flandre dans un sexilobe. ℟. Croix fleuronnée dans un quadrilobe cantonné de + A. V. S. Cuivre. TB.

422 Même droit. Croix fleuronnée, cantonnée de 3 lis et de la lettre B. Autour, les lettres E. N. E. D. Cuivre. TB.

423 + GETOERS : DE : LATON : B. Ecu de Flandres entre 3 fleurons. ℟. Croix fleuronnée dans un quadrilobe, cantonné de A. V. E. G. Cuivre. TB.

424 *Philippe-le-Beau.* REKEPENN : VOOR : DEN : MVTMEESTR. Grand écu dans le collier de la Toison d'or. ℟. + VAN DER : MVNTE : VAN : VLAENDREN. Ecu au lion dans une rosace (Rouyer, fig. 104). Cuivre. TB. Rare.

425 **Fontainebleau.** *Notaires.* Tête de Louis XVI à g., signée LEVEQUE. ℟. Inscription. Octog. Arg. TB.

426 **Gien.** *Notaires.* Tête de République à g., signée BARRE. ℟. Balances. Octog. Arg. TB.

427 — Variété; la signature plus près des cheveux. Octog. Arg. TB.

428 — Autre variété; lettres de l'exergue plus grosses et le fléau des balances plus court. Octog. Arg. TB.

429 **Ham sur-Sambre**. *Mines de houille*. 1838. Tête couronnée de Louis-Philippe à g. Octog. Arg. TB.

430 **Le Hâvre**. *Société de tir*. Globe orné d'armes à feu entre deux amazones. Octog. Arg. TB.

431 **Henrichemont**. *Maximilien III de Béthune*. Buste à dr. ℟. Armes. Cuivre. TB.

432 **Languedoc**. *Les Etats*. Buste enfantin de Louis XV lauré, drapé et cuirassé. ℟. GENTIS QVÆ REGIS OPES. 1720. Ruche et essaim. Arg. TB. Rare.

433 Buste nu. ℟. SPES PACIS ÆTERNÆ FUNDATA. 1728. Minerve et Mars. Arg. TB.

434 Bustes accolés de Louis XV et de la reine. ℟. HOC ERAT IN VOTIS. 1730. La France tenant le Dauphin. Arg. TB.

435 Buste de Louis XV à dr. ℟. NEC ARTES NEC MUNERA DESUNT. 1742. Minerve debout. Arg. TB.

436 Buste lauré et drapé. ℟. HÆC META LABOR. 1749. Femme couchée sur des drapeaux au pied de lauriers. Arg. TB.

437 Buste lauré, drapé et cuirassé. ℟. PRO REGE ET PATRIA. 1752. Les Etats en séance. Arg. Refrappe. TB.

438 **Leucate**. *Extraordinaire des guerres et cavalerie légère*. Les deux écus dans le double collier. ℟. SOMNVM. DEVICIT. ET HOSTEM. 1638. Forteresse avec LEVCATE et une oie sur un des bastions. Arg. TB. Extrêmement rare.

439 **Lille**. *Les Etats*. Buste lauré et drapé de Louis XV. ℟. SECVRITAS PROVINC. INSUL. 1737. L'Abondance debout. Arg. TB.

440 *Notaires*. La Justice debout et accoudée, signée LECOMTE. 1848. ℟. Inscription dans une couronne. Octog. Arg. TB.

441 — Variété; les lettres du droit plus grosses. Octog. Arg. TB.

442 **Lorraine**. *Léopold I*. Sans lég. Ecu entre 2 griffons. ℟. Monogr. sur un cartouche couronné. Cuivre. TB.

443 *François III et Marie-Thérèse*. Leurs bustes accolés à g. ℟. VOTORUM TANDEM COMPOTES. La Religion couronnant 2 cœurs. A l'exergue : CELEB. NUP. DIE. XII. FEB. MDCCXXXVI. Arg. TB.

444 **Lyon.** *Hugues de Pomey.* 1661. Ses armes. ℟. Ecus des 4 échevins. Cuivre. TB.

445 *Nicolas Prost.* 1665. Ecu à ses armes. ℟. Vaisseau. Cuivre. TB.

446 *De Liergues.* Son écu. ℟. Ecus des 4 échevins. Cuivre. TB.

447 *Barthélemy Dareste.* Son écu. ℟. 1692. La Fidélité et la France. Cuivre. TB.

448 *Ravat.* 1709, 1711, 1713. *Dugas.* 1725, 1729, 1751. *Perrichon.* 1731. Cuivre. — Ens. 7 p. TB.

449 *Arquebusiers.* Ecu de Lyon entre le Rhône et la Saône assis. ℟. 1741. Lance et arquebuses en sautoir. Arg. TB.

450 — Variété dans l'ornementation de l'écu. Arg. TB.

451 VICTORI. PRAEMIA. PONIT. Ecu entre le Rhône et la Saône debout. ℟. 1741. Même type. Arg. TB.

452 Cartouche aux armes de Lyon, surmonté d'un petit cartouche avec la tête de Louis XV à g. ℟. 1741. Même type. Arg. TB.

453 *Tir à l'arc.* DEXTERITATI DEBITA MERCES. La Renommée planant à g. ℟. ACADEM. SAGITTAR. LVGDVG. Emblèmes des archers, palme et laurier. Arg. TB.

454 Même lég. La Renommée planant à dr. ℟. Même lég. Flèche en pal sur 2 arcs en sautoir. Arg. TB.

455 VICTORI. PRAEMIA. PONIT. Armes entre les 2 fleuves debout. ℟. DARE. VVLNERA. POSSVMVS. HOSTI. Apollon ; devant lui, un papegai et un dragon. Arg. TB.

456 *Chapeliers.* CHAPELLERIE DE LA VILLE DE LYON. 1764. Armes de Lyon sur un cartouche. ℟. ÆSTATES ET HYEMES CONTRA. Armes des chapeliers sur 2 dromadaires. Arg. TB.

457 **Manche.** *Commission d'examen.* Octog. Arg. TB.

458 **Mantes.** *Notaires.* Tête de Louis XVIII à g., signée BARRE F. ℟. Inscription. Octog. Arg. TB. Rare.

459 **Montpellier.** *Louis XIII.* Les 2 écus dans le double collier. ℟. ARMIS. ET. CLEMENTIA. VICTOR. 1623. Le roi galopant à dr. sur des cadavres ; devant lui, les magistrats agenouillés sous une herse de porte. Arg. TB.

460 — La même pièce. Cuivre. TB.

461 **Nancy**. *Chaumont et Bergeret.* Ecus accolés sur un cartouche. ℞. Armes de Nancy. Cuivre. TB.

462 *Gaspard de Lenoncourt.* Buste drapé à dr. ℞. IN HOC SIGNO VINCES. — CALC. NANC. 1710. Pallas. Cuivre. TB.

463 **Nevers**. *Notaires.* Tête couronnée de Louis-Philippe à dr. ℞. Balances. Octog. Arg. TB.

464 **Nogent-sur-Seine**. *Notaires.* Code et balances, signé PINGRET. ℞. Inscription. Octog. Arg. TB.

465 **Orléans**. *Maires.* Joseph Le Normant, 1717-1725. Perdoulx, 1735. Colas d'Anjouan, 1739. Bazoches, 1763. Cuivre. — Ens. 4 p. Refrappes. TB.

466 *Notaires.* Tête couronnée de Louis-Philippe à dr., signée CAQUÉ. F. ℞. Le Silence debout, accoudé à un cippe, signé CAQUÉ. F. Octog. Arg. TB.

467 — Variété sans la signature au revers. Octog. Arg. TB.

468 *Avoués.* Tête laurée de Louis-Philippe à dr., par CAQUÉ. ℞. Justice passant à dr. Octog. Arg. TB.

469 **Poitou** (*XIIIe siècle*). Sans lég. Demi-lis et demi-château sur champ ponctué. ℞. Ecu d'Angleterre aux 3 léopards. Cuivre. B. Rare.

470 **Poitiers**. *Notaires.* La Justice ailée passant à dr. ℞. Inscription. Octog. Arg. TB.

471 — Variété de coin de la pièce précédente. Octog. Arg. TB.

472 — Autre variété; la légende plus éloignée du sujet. Octog. Arg. TB.

473 **Rambouillet**. *Notaires.* La Justice assise de face. ℞. Inscription dans une couronne. Arg. TB.

474 — Variété; le feuillage de la couronne plus touffu et les lettres plus grosses au revers. Arg. TB.

475 **Reims**. *Salubrité publique.* 1837. Coupe, serpent et massue. Octog. Arg. TB.

476 — Variété sans la date. Octog. Arg. TB.

477 *Notaires*. Table de la Loi et balance. 1847, signé VIVIER. F. ℟. CONFÉRENCE DES NOTAIRES dans une couronne. Octog. Arg. TB.

478 **La Rochelle**. *Coignet, intendant*. Ses armes. ℟. 1629. La Justice au-dessus de la ville. Cuivre. B.

479 *Académie de musique*. ACAD. DE DRAME ET DE MUSIQUE DE LA ROCHELLE. Vue de la scène avec 2 acteurs. ℟. .ÉCOLE DU MONDE. MDCCLXVI. Allégorie de l'Art dramatique. Arg. FDC. Rare.

480 *Chambre de Commerce*. Buste de Louis XV habillé. ℟. Vaisseau. Arg. TB.

481 Buste de Louis XV cuirassé. ℟. Vaisseau. Arg. TB.

482 Buste de Louis XVI habillé. ℟. Vaisseau. Arg. TB.

483 **Rodez**. *Joachim d'Estaing*. Ses armes. ℟. 1695. Pélican. Cuivre. TB.

484 **Rouen**. Ecu de la ville. ℟. NOSTER VBIQUE LABOR. 1665. Navire. Cuivre. B.

485 *Réunion des marchands*. Tête de Louis XIV. ℟. AMICO FOEDERE IUNGAT. 1706. La Paix et la Justice. Arg. TB.

486 — Variété ; la tête plus grosse. Arg. TB.

487 **Saint-Germain**. *Manufacture royale des cuirs*. 1757. Tête laurée de Louis XV. ℟. Vacher rassemblant son troupeau. Cuivre. Refrappe. TB.

488 **Sainte-Menehould**. *Notaires*. Armes de la ville. ℟. Inscription. 1888. Octog. Arg. TB.

489 **Saint-Pol**. *Notaires*. La Justice assise de face. ℟. Gnomon. Octog. Arg. TB.

490 **Toulouse**. *Charles de Montchal*. 1647. Son écu. ℟. COMES CONSILIORUM. L'Abondance accoudée à un cippe. Cuivre. Refrappe. TB.

491 **Trévoux**. *Affinage royal*. Tête laurée de Louis XV. ℟. 1766. Vue de l'usine. Cuivre. TB.

492 **Trouville**. *Société des eaux*. 1878. La Source, d'Ingres. Arg. TB.

493 **Troyes**. *Notaires*. Armes royales. ℟. Main tenant une balance. 1807. Arg. TB. Rare.

494 **Valenciennes.** *Conseil de ville.* EX CONCORDIA ET CANDORE FELICITAS URBIS. 3 écus posés sur des cigognes. ℞. 1726. Séance du Conseil. Arg. TB.

495 *Société d'Agriculture.* 1834. Emblèmes. Cuivre. TB.

496 *Comptoir de Valenciennes.* 1838. L'Agriculture assise. Octog. Br. TB.

497. **Vervins.** *Notaires.* Tête de Louis XVIII à dr. ℞. 1818. Tables de la Loi. Octog. Arg. TB. Rare.

NUMISMATIQUE — ARCHÉOLOGIE

ART ANCIEN

ÉTIENNE BOURGEY

7, *Rue Drouot (Téléphone 274-64)*

PARIS

Adresse Télégraphique : ETIENBOURG-PARIS.

Achat au comptant, et quelle qu'en soit l'importance, de trouvailles et collections de monnaies anciennes, jetons, médailles, etc.

Achat et vente d'antiquités romaines, gallo-romaines, grecques et égyptiennes, bronzes, statuettes, bijoux, etc.

MM. les amateurs auront intérêt, avant de se défaire de leur collection, à la présenter à M. Étienne Bourgey, qui fera toujours son possible pour donner un prix supérieur au prix déjà offert par les autres acheteurs.

Rédaction de catalogues, direction de ventes publiques, expertises.

IMPRIMERIE C. CHAUDOUR
6-8, RUE MILTON, PARIS

www.ingramcontent.com/pod-product-compliance
Ingram Content Group UK Ltd.
Pitfield, Milton Keynes, MK11 3LW, UK
UKHW021532260726
13993UKWH00004B/1946

9 782329 319889